BEI GRIN MACHT SICH IHR WISSEN BEZAHLT

- Wir veröffentlichen Ihre Hausarbeit,
  Bachelor- und Masterarbeit

- Ihr eigenes eBook und Buch -
  weltweit in allen wichtigen Shops

- Verdienen Sie an jedem Verkauf

Jetzt bei www.GRIN.com hochladen und kostenlos publizieren

Bibliografische Information der Deutschen Nationalbibliothek:

Die Deutsche Bibliothek verzeichnet diese Publikation in der Deutschen National-bibliografie; detaillierte bibliografische Daten sind im Internet über http://dnb.d-nb.de/ abrufbar.

Impressum:

Copyright © 2020 GRIN Verlag
Druck und Bindung: Books on Demand GmbH, Norderstedt Germany
ISBN: 9783346160119

Dieses Buch bei GRIN:

https://www.grin.com/document/542155

Sebastian Schäfer

Genehmigungsbedürftige Anlagen nach dem Bundes-Immissionsschutzgesetz (BImSchG)

GRIN Verlag

GRIN - Your knowledge has value

Der GRIN Verlag publiziert seit 1998 wissenschaftliche Arbeiten von Studenten, Hochschullehrern und anderen Akademikern als eBook und gedrucktes Buch. Die Verlagswebsite www.grin.com ist die ideale Plattform zur Veröffentlichung von Hausarbeiten, Abschlussarbeiten, wissenschaftlichen Aufsätzen, Dissertationen und Fachbüchern.

Besuchen Sie uns im Internet:

http://www.grin.com/

http://www.facebook.com/grincom

http://www.twitter.com/grin_com

Genehmigungsbedürftigkeit

§4 BImSchG

UVP-Pflicht

4.BImSchV

Schriftliche Ausarbeitung

Sebastian Schäfer

Inhaltsverzeichnis

I. Einführung

Im zweiten Teil des Bundes-Immissionsschutzgesetzes (BImSchG) werden Rahmenbedingungen für den Betrieb und die Errichtung von Anlagen geschaffen. Grundsätzlich unterscheidet das BImSchG zwischen genehmigungsbedürftigen Anlagen und nicht genehmigungsbedürftigen Anlagen. Somit ist die Genehmigungsbedürftigkeit ein primäres Kriterium dafür, welche Norm angewendet wird.[1] Der Schwerpunkt dieser Arbeit liegt bei den genehmigungsbedürftigen Anlagen.

II. Ziel und Zweck des Bundes-Immissionsschutzgesetzes

Gemäß § 1 Abs. 1 Satz 1 dient das BImSchG dazu, sowohl Menschen, Tiere als auch Pflanzen, den Boden, das Wasser, die Atmosphäre sowie Kultur- und sonstige Sachgüter vor schädlichen Umwelteinwirkungen zu schützen. Ebenso hat das BImSchG einen präventiven Charakter. Es soll gem. § 2 Abs. 1 BImSchG dem Entstehen schädlicher Umwelteinwirkungen vorbeugen.

Für genehmigungsbedürftige Anlagen dient es ferner „der integrierten Vermeidung und Verminderung schädlicher Umwelteinwirkungen durch Emissionen in Luft, Wasser und Boden unter Einbeziehung der Abfallwirtschaft, um ein hohes Schutzniveau für die Umwelt insgesamt zu erreichen sowie dem Schutz und der Vorsorge gegen Gefahren, erhebliche Nachteile und erhebliche Belästigungen, die auf andere Weise herbeigeführt werden." Das Gesetz stellt so nicht nur den Menschen und die Tiere, sondern ebenso die Natur und Umwelt als besonders schützenswerte Schutzgüter heraus.

III. Genehmigungsbedürftige Anlagen

Grundsätzlich erfordert die Errichtung und der Betrieb von Anlagen, „die auf Grund ihrer Beschaffenheit oder ihres Betriebs in besonderem Maße geeignet sind, schädliche Umwelteinwirkungen hervorzurufen oder in anderer Weise die Allgemeinheit oder die Nachbarschaft zu gefährden, erheblich zu benachteiligen oder erheblich zu belästigen sowie von ortsfesten Abfallentsorgungsanlagen zur Lagerung oder Behandlung von Abfällen" gemäß § 4 Abs. 1, Satz 1 BImSchG einer Genehmigung.

---

[1] Schmidt/Kahl/Gärditz, § 7 Rn. 16.

Zudem bedürfen mit Ausnahme von Abfallentsorgungsanlagen „Anlagen, die nicht gewerblichen Zwecken dienen und nicht im Rahmen wirtschaftlicher Unternehmungen Verwendung finden, der Genehmigung nur, wenn sie in besonderem Maße geeignet sind, schädliche Umwelteinwirkungen durch Luftverunreinigungen oder Geräusche hervorzurufen."

Zunächst ist der Begriff der Anlage zu definieren.

Gem. § 3 Abs. 5 BImSchG sind Anlagen i. S. d. BImSchG „Betriebsstätten und sonstige ortsfeste Einrichtungen", „Maschinen, Geräte und sonstige ortsveränderliche technische Einrichtungen sowie Fahrzeuge, soweit sie nicht der Vorschrift des § 38 unterliegen". Zudem lassen sich „Grundstücke, auf denen Stoffe gelagert oder abgelagert oder Arbeiten durchgeführt werden, die Emissionen verursachen können, ausgenommen öffentliche Verkehrswege" als Anlage definieren.

Ferner müssen die Anlagen geeignet sein, schädliche Umwelteinwirkungen hervorzurufen. Gemäß § 3 Abs. 1 BImSchG sind schädliche Umwelteinwirkungen Immissionen, die nach Art, Umfang und Dauer geeignet sind, Gefahren, erhebliche Nachteile oder erhebliche Belästigungen für die Allgemeinheit oder die Nachbarschaft herbeizuführen. Schädliche Umwelteinwirkungen lassen sich auch als Immissionen bezeichnen, die Störqualität haben.[2]

Gem. § 3 Abs. 3 BImSchG sind Immissionen „auf Menschen, Tiere und Pflanzen, den Boden, das Wasser, die Atmosphäre sowie Kultur- und sonstige Sachgüter einwirkende Luftverunreinigungen, Geräusche, Erschütterungen, Licht, Wärme, Strahlen und ähnliche Umwelteinwirkungen."

Hier wird deutlich, dass der Gesetzgeber besonders schützenswerte Güter herausstellt, die es besonders zu sichern gilt.

Sind also Anlagen prinzipiell dazu in der Lage, schädliche Umwelteinwirkungen auszulösen, ist für diese Anlagen eine Genehmigung erforderlich.

Gem. § 4 Abs. 1 Satz 1 BImSchG muss die Genehmigung jedoch erst eingeholt werden, wenn solche Anlagen errichtet und in Betrieb genommen werden.

---

[2] Wöckel, Holger, (2008) Grundzüge des Immissionsschutzrechts, Albert-Ludwig-Universität S 8.

Durch den § 4 BImSchG wird lediglich ein einheitlicher Genehmigungstatbestand begründet, trotz der expliziten Erwähnung des Betriebs. Wird bei der zuständigen Behörde folglich lediglich die Errichtung einer solchen Anlage genehmigt, so handelt es sich rechtlich um eine Teilgenehmigung i. S. d. § 8 BImSchG. Diese Entscheidung liegt außerdem im Ermessen der zuständigen Genehmigungsbehörde.[3] Die Errichtung einer Anlage umfasst alle Handlungen, die dazu führen, dass die Anlage betriebsbereit zur Fertigstellung ist. Ferner umfasst die Errichtung die Beschaffenheit der Anlage.[4] Die erste tatsächliche Handlung, die die Errichtung Beginnen lässt, stellt eine Ordnungswidrigkeit i. S. d. § 62 1 Nr. 1 BImSchG dar, sofern keine Genehmigung eingeholt wurde.[5]

Eine Anlage ist dann in Betrieb, wenn Tätigkeiten durchgeführt oder ein Geschehensablauf in Gang gesetzt wird, der zu ihrer bestimmungsgemäßen Nutzung gehört. Dabei meint bestimmungsgemäß jede Art der Anlage entsprechende Nutzung.[6] Der Betrieb einer genehmigungsbedürftigen Anlage ohne entsprechende Genehmigung stellt im Gegensatz zur Errichtung ohne Genehmigung keine Ordnungswidrigkeit, sondern eine Straftat i. S. d. § 327 Abs. 2 Satz 1 Nr 1 StGB dar. Ggf. Ist gleichermaßen der Straftatbestand der §§ 325, 325a und 330 StGB verwirklicht. [7] Der Grund hierfür ist, dass letztendlich durch den Betrieb schädliche Umwelteinwirkungen hervorgerufen werden können.

Werden genehmigungsbedürftige Anlagen geändert, weicht somit die Lage, die Beschaffenheit vom Errichtungszustand ab oder wird der Betrieb geändert, so ist dies, sofern eine Genehmigung nicht beantragt wurde, gem. § 15 Abs. 1 Satz 1 BImSchG der zuständigen Behörde anzugeben.

Ferner sind gem. § 5 BImScG genehmigungsbedürftige Anlagen so zu errichten, dass zur Gewährleistung eines hohen Schutzniveaus für die Umwelt insgesamt schädliche Umwelteinwirkungen, gefahrenerhebliche Nachteile und erhebliche Belästigungen für die Allgemeinheit und die Nachbarschaft nicht hervorgerufen

---

3 Boissere/Oels/Hansmann Immissionsschutzrecht Band 1 Rn. 10 zukünftig zitiert: Boissere
4 Boissere Rn. 11.
5 Boissere Rn 13.
6 Boissere Rn. 12.
7 Boissere Rn 13.

werden können. Zudem sollen Vorsorgemaßnahmen gegen jene schädlichen Umwelteinwirkungen getroffen und die Energie sparsam und effizient eingesetzt werden. Genehmigungsbedürftige Anlagen sind indes so zu errichten, dass auch nach ihrer Betriebseinstellung erhebliche schädliche Umwelteinwirkungen nicht hervorgerufen werden können.

IV. 4. BImSchV

Aus dieser allgemeinen Definition wird jedoch nicht abschließend geklärt, welche Anlagen genau genehmigungsbedürftig sind.

Aus dem § 4 Abs. 1 Satz 3 BImSchG ergibt sich eine Verordnungsermächtigung zur Bestimmung genehmigungsbedürftiger Anlagen.

Von dieser Verordnungsermächtigung wurde mit der 4. Bundes-Immissionsschutzverordnung (BImSchV) gebrauch gemacht.

Es ist ergo gar nicht notwendig, das zu genehmigende Vorhaben unter dem Begriff der Anlage i. S. d. § 3 BImSchG und den Kriterien des § 4 BImSchG zu subsumieren, da im Anhang 1 der 4. BImSchV eine abschließende Auflistung aller genehmigungsbedürftigen Anlagen erfasst ist. Diese Auflistung gilt zudem als konstitutiv und abschließend.[8]

Taucht die zu genehmigende Anlage also im Anhang 1 zur 4. BImSchV auf, ist sie grundsätzlich dazu geeignet, aufgrund ihrer Beschaffenheit oder ihres Betriebs, im besonderen Maße schädliche Umwelteinwirkungen hervorzurufen oder in anderer Weise die Allgemeinheit oder die Nachbarschaft zu gefährden.

Der § 1 4. BImSchV dient zur Konkretisierung der genehmigungsbedürftigen Anlagen. Gemäß § 1 Abs. 1 Satz 1 der 4, BImSchV erfordert die Errichtung und der Betrieb von der in Anhang 1 der 4. BImSchV genannten Anlagen einer Genehmigung, „soweit den Umständen nach zu erwarten ist, dass sie länger als während der zwölf Monate, die auf die Inbetriebnahme folgen, an demselben Ort betrieben werden." Es kommt hier mithin auf die Mindestbetriebsdauer an. Dabei meint „den Umständen nach zu erwarten ist" die objektive Absicht, die Anlage länger als zwölf Monate an demselben Ort zu betreiben. Ist demnach vor Betriebsbeginn

---

[8] Schmidt/Kahl/Gärditz §7 Rn. 20.

sicher, dass die Anlage länger als zwölf Monate in Betrieb bleiben soll, ist sie genehmigungsbedürftig.

Die subjektive Absicht reicht hier nicht aus, um eine Genehmigungsbedürftigkeit herbeizuführen.[9] Treten also Umstände ein, die vorher nicht zu erwarten waren, so entfällt die Genehmigungsbedürftigkeit.

Die Aufführung in Anhang 1 führt folglich nicht automatisch dazu, dass Anlagen genehmigungsbedürftig werden.

Ein weiteres Kriterium bei der Genehmigungsbedürftigkeit ist das Erreichen oder Überschreiten einer bestimmten Leistungsgrenze oder Anlagengröße. Wenn die Genehmigungsbedürftigkeit, wie in § 1 Absatz 1 Satz 3 BImSchV normiert, vom Erreichen oder Überschreiten einer bestimmten Leistungsgrenze oder Anlagengröße ab, so ist jeweils auf den rechtlichen und tatsächlich möglichen Betriebsumfang abzustellen. In der Praxis bedeutet das, dass Anlagen, die aufgrund geringerer Nachfrage nicht die volle Leistung erbringen, jedoch theoretisch erbringen könnten auch dann genehmigungsbedürftig sind, wenn sie unter dem Betriebsumfang liegen, der sonst eine Genehmigungsbedürftigkeit ausschließen würde. Auf der anderen Seite kann die Genehmigungsbedürftigkeit entfallen, wenn durch rechtliche Beschränkungen die Leistungsgrenze nicht erreicht wird, auch wenn es technisch möglich wäre.[10]

Wird eine Anlage, die die relevante Leistungsgrenze oder Anlagengröße noch nicht erreicht hat erweitert und führt dies zu einer erstmaligen Überschreitung der o. g. Kriterien, so ist nach § 1 Abs. 5 4. BImSchV die gesamte Anlage genehmigungsbedürftig und nicht nur der Teil der Anlage, der zur Überschreitung der Grenzwerte geführt hat.[11]

Grundsätzlich lässt sich sagen, dass sich das Genehmigungserfordernis gem. § 1 Abs. 2 Nr 1 4. BImSchV auf alle vorgesehenen Anlagenteile und Verfahrensschritte, die zum Betrieb notwendig sind, bezieht. Ferner gilt das Genehmigungserfor-

---

9 Schmidt/Kahl/Gärditz §7 Rn.21.
10 Schmidt/Kahl/Gärditz §7 Rn. 23.
11 Schmidt/Kahl/Gärditz §7 Rn. 23.

dernis gem. Nr. 2 für „Nebeneinrichtungen, die mit den Anlagenteilen und Verfahrensschritten nach Nummer 1 in einem räumlichen und betriebstechnischen Zusammenhang stehen und die von Bedeutung sein können für a) das Entstehen schädlicher Umwelteinwirkungen, b) die Vorsorge gegen schädliche Umwelteinwirkungen oder c) das Entstehen sonstiger Gefahren, erheblicher Nachteile oder erheblicher Belästigungen."

Stehen mehrere Anlagen derselben Art in einem engen räumlichen und betrieblichen Zusammenhang und werden zusammen die maßgebenden Leistungsgrenzen oder Anlagengrößen erreicht oder überschritten, so werden sie gem. § 1 Abs. 3 Satz 1 4. BImSchV gemeinsam genehmigungsbedürftig.

Ein enger räumlicher und Betrieblicher Zusammenhang besteht gem. § 1 Absatz 3 Satz 2 4. BImSchV dann, wenn die Anlagen auf demselben Betriebsgelände liegen, mit gemeinsamen Betriebseinrichtungen verbunden sind und einem vergleichbaren technischem Zweck dienen.

Ferner ist die Gliederung des Anhangs 1 der 4. BImSchV von Relevanz, da sie Aufschluss darüber gibt, welches Genehmigungsverfahren anzuwenden ist und ob ggf. eine Umweltverträglichkeitsprüfung notwendig ist.

Grundsätzlich unterscheidet der Anhang 1 zur 4. BImSchV zwischen 10 verschiedenen Typen von genehmigungsbedürftigen Anlagen, die nach Zweck und Beschaffenheit unterschiedlich sind. Der Anhang klassifiziert die Anlagen zwischen: 1. Wärmeerzeugung, Bergbau und Energie, 2. Steine und Erden, Glas, Keramik, Baustoffe, 3. Stahl, Eisen und sonstige Metalle einschließlich Verarbeitung, 4. Chemische Erzeugnisse, Arzneimittel, Mineralölraffination und Weiterverarbeitung, 5. Oberflächenbehandlung mit organischen Stoffen, Herstellung von bahnenförmigen Materialien aus Kunststoffen, sonstige Verarbeitung von Harzen und Kunststoffen, 6. Holz, Zellstoff, 7. Nahrungs-, Genuss- und Futtermittel, landwirtschaftliche Erzeugnisse, 8. Verwertung und Beseitigung von Abfällen und sonstigen Stoffen, 9. Lagerung, Be- und Entladen von Stoffen und Gemischen, und 10. Sonstige Anlagen.

Des Weiteren werden die verschiedenen Anlagen zu bestimmten Verfahrensarten zur Genehmigung zugeordnet. Es wird zwischen den Buchstaben „G" und „V" unterschieden.

Aus dem Anhang 1 der 4 BImSchV ergibt sich, dass Anlagen, die mit dem Buchstaben „G" im Genehmigungsverfahren nach § 10 BImSchG (mit Öffentlichkeitsbeteiligung) zu genehmigen sind.

Anlagen, die mit dem Buchstaben „V" gekennzeichnet sind, sind im vereinfachten Verfahren (ohne Öffentlichkeitsbeteiligung) gem. § 19 BImSchG zu genehmigen, wenn keine Pflicht zur Durchführung einer Umweltverträglichkeitsprüfung besteht.

Auf den genauen Ablauf der Genehmigungsverfahren wird in dieser Arbeit nicht eingegangen.

V. UVP-Pflicht

Bestimmte Anlagen bedürfen einer Umweltverträglichkeitsprüfung (UVP-Pflicht).

Die eventuelle Pflicht zur Durchführung einer Umweltverträglichkeitsprüfung hat, wie erwähnt, Auswirkungen auf das erforderliche Genehmigungsverfahren nach dem BImSchG.

Gem. § 4 UVPG ist die Umweltverträglichkeitsprüfung „unselbstständiger Teil des Immissionsschutzrechtlichen Genehmigungsverfahrens". Die Kriterien der UVP sollen bewertet werden und bei dem Entscheidungsprozess zur Genehmigungsbedürftigkeit gem. § 4 BImSchG mit berücksichtigt werden.

Die UVP-Pflicht ist unionsrechtlich begründet.[12] Unter Umweltprüfungen lassen sich laut § 3 UVPG „die Ermittlung, Beschreibung und Bewertung der erheblichen Auswirkungen eines Vorhabens oder eines Plans oder Programms auf die Schutzgüter" fassen.

Das UVPG stellt die besonders zu schützenden Schutzgüter in § 2 Abs. 1 Satz 1 UVPG heraus und orientiert sich dabei stark an dem BImSchG. Zu schützen sind insbesondere Menschen und vor allem die menschliche Gesundheit, Tiere, Pflan-

---

12 Peters/Hesselbart/Peters Rn. 177.

zen, die biologische Vielfalt, Flächen, Boden, Luft und Wasser, kulturelles Erbe und sonstige Sachgüter und die Wechselwirkung genannter Schutzgüter.

Die Rahmenbedingungen zur Umweltverträglichkeitsprüfung wie Formalia zur Antragsstellung, die einzureichenden Unterlagen ergeben sich aus der 9. BImSchV.

Die Umweltverträglichkeitsprüfung dient gem. § 3 UVPG einer wirksamen Umweltvorsorge nach Maßgabe der geltenden Gesetze und werden nach einheitlichen Grundsätzen sowie unter Beteiligung der Öffentlichkeit durchgeführt."

Gem. § 5 Abs. 1 Satz 1 UVPG stellt die zuständige Behörde, also die Behörde, die die Genehmigung erteilt unverzüglich fest, ob eine Pflicht zur Durchführung einer Umweltverträglichkeitsprüfung besteht. Dies geschieht auf Grundlage von geeigneten Angaben des Vorhabenträgers sowie eigenem Kenntnisstand.

Allgemein lässt sich sagen, dass gem. § 3 Abs. 1 Satz 3 UVPG eine Pflicht zur Durchführung einer Umweltverträglichkeitsprüfung dann besteht, wenn das Neuvorhaben nach Kenntnisstand der zuständigen Behörde erhebliche nachteilige Umweltauswirkungen hervorrufen kann. Gem. § 9 Abs. 1 UVPG kann allerdings auch bei einer Anlagenerweiterung eine UVP-Pflicht bestehen. Die UVP-Pflicht besteht somit nicht nur bei Neuvorhaben.

Die zuständige Behörde prüft zunächst, ob nach den §§ 6-14 UVPG, ob grundsätzlich eine Pflicht zur Durchführung einer Umweltverträglichkeitsprüfung besteht. In den §§ 6-14 UVPG wird allgemein beschrieben, in welchen Fällen eine Pflicht zur Durchführung einer Umweltverträglichkeitsprüfung besteht.

Konkreter wird jedoch die Anlage 1 zum UVPG. Auch die Art des Prüfungsverfahrens ergibt sich aus der Anlage 1.

Die Anlage 1 des UVPG ist ähnlich wie die Anlage 1 zur 4. BImSchV aufgebaut. Auch hier sind Vorhaben nach Nummern aufgezählt, die unter ähnlich gelagerten Sachverhalten zusammengefasst sind. Des Weiteren gliedert sich die Anlage 1 in 2 Spalten, in denen je nach Art des Vorhabens Buchstaben aufgeführt sind, die, wie oben bereits erwähnt, Aufschluss über die Art des Prüfverfahrens geben. Die Prüfung der Anlage 1 kann insofern hilfreich sein, dass sie Aufschluss darüber gibt, ob grundsätzlich eine UVP-Pflicht besteht.

Gem. § 6 UVPG besteht dann eine unbedingte UVP-Pflicht für Neuvorhaben, die in der Anlage 1 zum UVPG in Spalte 1 mit einem X gekennzeichnet sind, und „wenn die zur Bestimmung der Art des Vorhabens genannten Merkmale vorliegen. Sofern Größen- oder Leistungswerte angegeben sind, besteht die UVP-Pflicht nur, wenn die Werte erreicht oder überschritten werden." Sind die Vorhaben also mit einem X klassifiziert, so besteht in jedem Falle eine UVP-Pflicht. Indes besteht eine Pflicht zur Durchführung einer Umweltverträglichkeitsprüfung dann, wenn Leistungsgrenzen und Anlagengrößen angegeben sind und diese sowohl erreicht als auch überschritten werden.

Nach § 7 Abs. 1 UVPG ist bei Neuvorhaben, die in der Spalte 2 der Anlage 1 zur UVPG mit einem A gekennzeichnet sind eine Vorprüfung zur Feststellung der UVP-Pflicht durchzuführen. Diese Vorprüfung wird durch die zuständige Behörde durchgeführt. Kriterien zur Vorprüfung sind in der Anlage 3 zum UVPG aufgelistet, auf die hier jedoch nicht näher eingehen wird.

Sind Neuvorhaben in Spalte 2 der Anlage 1 zum UVPG mit einem S gekennzeichnet, so hängt die zu erteilende Genehmigung von einer standortbezogenen Vorprüfung zur Feststellung der UVP-Pflicht ab.

Laut § 7 Abs. 2 Satz 2 UVPG wird die Vorprüfung im Falle einer standortbezogenen Vorprüfung in einem zweistufigen Verfahren durchgeführt. In der ersten Stufe geht es darum, zu prüfen, ob besondere örtliche Gegebenheiten der in Anlage 3 Nummer 2.3 UVPG aufgeführten Schutzkriterien vorliegen. Liegen diese Voraussetzungen nicht vor, so besteht keine UVP-Pflicht. Liegen diese Voraussetzungen allerdings vor, so prüft die Behörde in der zweiten Stufe, ob nach dem in Anlage 3 aufgeführten Kriterien durch das Neuvorhaben erhebliche nachteilige Umweltauswirkungen ausgelöst werden kann.

VI. Zusammenfassung

Der Gesetzgeber hat erkannt, dass Schutzgüter wie Leben und Gesundheit von Mensch und Tier, die Natur und die Umwelt sowie Kulturgüter besonders schützenswert sind. Anlagen, die in besonderem Maße dazu geeignet sind, diese Schutzgüter zu beeinträchtigen, erfordern also einer Genehmigung und ggf. einer Umweltverträglichkeitsprüfung. Jedoch setzt der Gesetzgeber die Schwelle der

Genehmigungsbedürftigkeit nicht auf der untersten Stufe an. Im Gesetz ist häufig von „Erheblichkeit" „In besonderem Maße" und „besonders" die Rede. Nach h. M deckt sich der Begriff der Erheblichkeit mit dem der Unzumutbarkeit. Der Tatbestand der Erheblichkeit ist dann erfüllt, wenn die Beeinträchtigungen nach Art, Ausmaß und Dauer das dem Betroffenen zumutbare Maß übersteigen.[13] Die Schutzgüter, die es zu schützen gilt, haben infolgedessen leichte Beeinträchtigungen auszuhalten. Dies wird auch aus dem § 5 Abs. 1 BImSchG deutlich, wonach Anlagen so zu errichten und zu betreiben sind, dass erhebliche Nachteile für die Allgemeinheit und die Nachbarschaft nicht hervorgerufen werden können. Der Gesetzgeber nennt hier explizit erhebliche Nachteile. Beeinträchtigungen, die zumutbar sind führen also nicht dazu, dass eine Anlage genehmigungsbedürftig wird. Dennoch lässt sich aber sagen, dass Gesundheitsbeeinträchtigungen aufgrund der Relevanz als Grundrecht immer erheblich sind.[14] Anders wird es sich mit Beeinträchtigungen verhalten, die keine Beeinträchtigung der Gesundheit zur Folge haben.

---

[13] Wöckel, Holger, (2008) S. 9.
[14] Wöckel, Holger, (2008) S. 10.

VII. Literaturverzeichnis

1. Boisseree, Dr. K. Oels, Dipl. Ing. F., Hansmann, Prof. Dr. K, Denkhaus, Wolf-C.: Kommentar zum Bundes-Immissionsschutzgesetz § 4 BImSchG

2. Kahl, W., & Gärditz, K., F., Schmidt, R. (2019). *Umweltrecht*. München: Beck C. H.

3. Peters, H., Hesselbarth, T., & Peters, F. (2015). Umweltrecht (Recht und Verwaltung) (5. Aufl.). Stuttgart: Kohlhammer Verlag.

4. Sellner, D., Reidt, O., & Ohms, M. J. (2006). *Immissionsschutzrecht und Industrieanlagen* (3. Auflage). München: Beck.

5. Wöckel, H., (2008), Grundzüge des Immissionsschutzrechts, Albert-Ludwig-Universität Freiburg